Viver

Sergio Fajardo

Viver de poesia, por Sergio Fajardo

Copyright © 2021, by Sergio Fajardo

Dedico às pessoas ainda sensíveis ao amor e à poesia.

Viver de poesia, por Sergio Fajardo

Apresentação

Expõe-se aqui palavras lançadas ao vento, sem destino, esperando para serem lidas, refletidas e questionadas.

Se a poesia materializa sentimentos, concretiza sonhos e realiza divagações, eis a utopia: viver de poesia. O poema não precisa ter sentido, mas ser sentido, individualmente.

Nas entrelinhas da poesia surge um mar de possibilidades. É justamente na diversidade de leituras e interpretações possíveis que se encontra âmago do texto poético traduzido nas palavras simples e na complexidade das emoções.

Em cada um de nós se esconde um mundo paralelo, secreto, onde se manifesta uma paisagem íntima observada pela janela chamada poesia.

Viver de poesia não é apenas um sonho distante, mas algo possível quando quem tem esse desejo coloca um pouco de poesia em seu cotidiano, no seu trabalho, no convívio com outras pessoas, enfim, em toda a sua vida.

Essa obra, de modo intencional, não traz um sumário, justamente parar gerar surpresas a cada página.

Tenham uma agradável leitura!

QUEM SOU EU?

Sou aquele que fala ao coração
Que está onde a vista não alcança
Moro bem ao lado do amor
Em frente à indiferença
Perto da solidão

Sou a esperança perdida
O sonho não realizado
Sou o desamor (que ainda ama)
A alma que perambula por sua vida

Sou o abraço sem braços
O ser despercebido, ausente
Desprezado.

Sou a ânsia de viver
A canseira incansável
Sensibilidade aflita

Sou a voz abafada
O silêncio que grita
Apelo sem coro e sem eco
Isolado e inquieto.

VIVER DE POESIA

Ah, como eu queria
Abandonar tudo
E viver de poesia
Diria adeus
aos compromissos
Até nunca mais
às obrigações
Meu trabalho seria
Tocar os corações

Ah, como eu gostaria
que o valor das palavras
Sustentasse o dia a dia
Dos versos fazer salário
Pondo fim à correria

Ah, seria maravilhoso
Não ter preocupações
com gastos ou contas
Nem desilusões
o poema pagaria
a dor e o amor
mercado e padaria

Ah, seria um sonho

Viver de poesia, por Sergio Fajardo

Acordar a cada dia
Sem cobranças
nem incômodos
Viver de poesia!

QUEREM MATAR A SAUDADE

Querem matar a Saudade
Saudade não pode morrer
Ela resiste no peito
E no modo de viver.

Querem matar a Saudade
Saudade do interior
Local que persiste no tempo
Espaço feito de amor.

Querem matar a Saudade
Saudade cresce ao esperar
Encanto da natureza
Do pôr do sol e do luar.

Querem matar a Saudade
Saudade de tantos lugares
Simplicidade em forma de gente
Pessoas espetaculares.

Querem matar a Saudade
Saudade feita de emoção
Escondida no campo
Revela-se no coração.

MULHERES PROTAGONISTAS

Não estão aqui para agradar
Nem para servir a alguém
Sempre em ação e na luta
Protagonistas do viver

Combatem a opressão
Enfrentam injustiças
De uma sociedade machista
Hipócrita e violenta

Mulheres que desafiam o mundo
Com todas as suas forças
Sacodem as estruturas
Derrubam as convenções.

ETIQUETA

Fala baixo! Seja discreto!
Segure o garfo com a mão esquerda
Nada de cotovelos na mesa
Espere o anfitrião se servir
Jamais mude os utensílios de lugar
Não gesticule com o talher
É deselegante ser franco
Visitas devem ser curtas, de 10 a 15 minutos
Nunca se deve dar conselhos a colegas do mesmo nível
À noite use sempre sapato preto
Não é uma boa postura encostar-se às paredes ou carros
Evite falar com estranhos sem necessidade
Em reuniões formais não fale de assuntos pessoais
Peça licença ao falar com o chefe
Anda naturalmente, nem rápido nem devagar
Não chame a atenção
Fique calado enquanto escuta
Não discuta, seja cortês.

JUÍZO

No juízo, o irresponsável choque
Da indignação contra a ética
O sarcástico [e cínico, de reboque]
Deprecia a voz poética

Em nome da seriedade
O conviver se amiúda
A ironia tem vontade
E toda voz fica muda

A desordem é estímulo
Ao discurso da indignação
Sensatez é o cúmulo
E provoca rejeição

Isolado e sem defesa
Nas palavras sobrevivo
Diante da sutileza
Dos ataques do juízo

Nos medos e receios
Minhas dores funcionam
São todos meios
Que reação impulsionam

O poder da humildade
Não é acomodação
Enxergo a realidade
Onde a poesia é tradução.

CINQUENTA ANOS DEPOIS

Fico imaginando como seria
Cinquenta anos depois
Nós dois velhinhos e viúvos
Um reencontro casual
Conversaríamos sobre os netos,
Reclamaríamos da dor nas costas,
Do reumatismo
Você e as varizes
(que nunca teve!)
Falaríamos sobre a aposentadoria
Sobre as contas na farmácia
Sempre tossindo: Cof, cof, cof!
Com lágrimas nos olhos recordaríamos
Da nossa teimosia e do nosso orgulho
Que já não tinham significado
Lembraríamos do passado que foi
Pensando no que poderia ter sido
É, tinha razão, a vida mostrou
Mas tardiamente é verdade.
Que o que parecia ser erro,
Um risco, uma estupidez
Nos levaria, quem sabe
A um outro destino
Diferente com certeza
Mas que nunca iremos conhecer

O olhar enrugado, meio melancólico
Entregaria a verdade
Do sentimento que tivemos
E que nunca puderam ser vividos.

AMO TE LER

Agradável é ler
Palavras do teu olhar
frases escondidas, silenciosas
no teu jeito de amar

Leio pensamentos
Descubro os termos
que florescem
Dentro do silêncio,
do teu sorriso ou nas lágrimas
que descem.

Leio a poesia
Ou mesmo romance
Na tua mão fria,
escritos nos cabelos
Percebo num lance

desejos e apelos

Amo ler teu corpo
Igual a um livro aberto
Leio-te como a um conto
Cujo final precisa ser descoberto.

Leio-te por capítulos
como a uma história
Cada momento contigo
emocionante aventura
dias de luta ou glória
de alegria ou perigo

És leitura prazerosa
que nunca cansa
Se tempo e espaço
nos deixam distantes
Vou ler-te nas imagens
Nos sons e cheiros
tão presentes na mente.

ALGUMAS PESSOAS

Algumas pessoas
 querem namorar
outras buscam
um casamento
Algumas pessoas
 desejam comprar
carros, casas, roupas
Algumas pessoas
necessitam de afeto
Muitas pessoas
padecem por falta
de atenção
e carinho.
Algumas querem
e necessitam
alimentar-se!
Algumas pessoas lutam
pelo pão de cada dia
Outras esbanjam
e não se importam
com os que carecem
Alguns dizem sofrer
por causa dos outros
Algumas pessoas
desesperam-se

não vendo mais
 sentido na vida
Algumas pessoas
fazem desses problemas
o fim do mundo
Mas há aquelas outras
que acordam a cada dia
sorridentes e agradecidas
por estarem vivas!
Algumas pessoas
ainda acreditam
ainda sonham
Não com carros,
casas ou casamentos
Mas sonham em viver
cada segundo
valorizando sempre
pequenas coisas e gestos.

TIARA DE OURO

A tiara de ouro não gosta de rimas
Muito eclética, é verdade
Mas os versos rimados
Ainda que de qualidade
São desconsiderados
Na sua ecleticidade

A tiara de ouro detesta o simplismo
Verso fácil, mesmo que espontâneo
Extrai da poesia seu dinamismo

A tiara de ouro
Dos cabelos dourados
Da Bahia
Do sol, do calor, da magia
Não aceita a rima

O verso sem nexo
Livre e aberto
Não deve se prender
Ao insulto da rima
Insistente, sonora e latente
Invade o poema e domina.

A PORTA

O vento abriu a porta
Entrou discretamente
Que isso nos importa?
Se o vento nada sente?

A porta está aberta
Todos podem entrar
Entrará a pessoa certa
Pra me fazer sonhar?

O acaso desse vento
Movimenta a porta fraca
Contendo o sentimento
E todo o amor que passa

Está quase fechando
A porta e o coração
E vai se encerrando
O tempo da paixão.

METEOROLOGIA

Céu encoberto
No extremo norte
Instabilidade continua
Sol e chuva
A depender da sorte.

Temperatura elevada
Nebulosidade variável
Rajadas de vento
Temperamento pouco afável.

Litoral com chuva
Riscos de temporais
Raios e trovoadas
Insólitos ais.

Dia ensolarado
Em todas as regiões
No Sul, calmaria
Estável sensação.

SER PROFESSOR

Ser professor não é apenas lecionar.
Ser professor, como a etimologia da palavra nos indica,
é professar ou declarar em público
a dedicação a ensinar.

É curioso que quando nos tornamos professores,
a maioria das pessoas que nos conheceram como tal,
raramente exclui o termo "professor ou professora"
quando fala conosco.

Ser professor é doar-se para tentar mudar o mundo,
contribuindo para a formação de pessoas melhores.
Ser professor é lidar com um conjunto de fortes emoções.

É algo paradoxal, onde a luta árdua,
no esforço para tentar fazer sempre o melhor,
muitas vezes enfrentando obstáculos quase intransponíveis,

mescla-se com a alegria de estar próximo a pessoas diversas.

Professores não podem ser comparados,
cada um deixa a sua marca.

Ser professor não é apenas motivar, mas inspirar.
 Ser professor é ser humano, no melhor sentido da palavra,
 pois educação não é mercadoria e estudantes não são clientes.
Professor não precisa ser simpático, mas é necessário ser empático
Ser professor é mais que um estilo de vida,
 é uma vida entregue a uma profissão.

Ser professor é aprender com quem se ensina.
É saber lidar com os erros e se reinventar diariamente.
Ser professor é muito mais que dar aulas,
é fazer a diferença levando estudantes a refletirem,
a serem críticos e autônomos,
a partir do exemplo, da sua postura, da sua sensibilidade,
dos seus anseios e dos seus sonhos.

A CANJICA

Coisas acontecem, palavras faladas
Que jamais imaginamos antes
Circunstâncias inesperadas
Nos machucam por instantes

Pelo modo, pela desconsideração
Mas isso não afeta minhas ações
Sou alegre e tenho imaginação
Quero mesmo conviver com fortes emoções

Sei lidar com o inconsequente
Nunca vou parar, sempre hei de animar
A vida é bela, o sol é quente
E deixei a canjica queimar

MINERAIS

Um, dois, três, quartzo
Cianita, cutrino e clorita
Diamante e grafite,
O seu irmão
Esteatito, talco
E pedra-sabão.

A sílica não é cínica
O enxofre é sólido
Engessada a gipsita
Feldspato, a maioria
Cor de sangue
da hematita.

Do verde de jaspe
Ao vermelho de Jade
Nefelina é intrusa
Com brilho vítreo
Enxerga longe
Tem olho de tigre.

Pirita, ouro dos tolos
Agrada as granadas
Mas engana todos
Nossas gemas amadas
Cristais em geodos.

ESPERO

Espero chegar o dia
Do sorriso e do amor
Tempo de alegria
Da beleza da flor

Espero confiante
Ansioso pelo momento
A hora triunfante
Virá como o vento

O tempo de quebrar o gelo
De aquecer o coração
E tirar o selo
Que obstrui a emoção

Espero esse dia e hora
Na espera, o que parece sonho
Se realiza no agora
O tempo que me proponho

ESQUECI DE DIZER

Nas últimas vezes
 que nos falamos
Nos últimos dias e meses
E em todos esses anos
Acabei não lembrando
De dizer o significado
da tua existência
para mim, ser calado
És, foi e sempre vais ser
alguém especial!

Esqueci de dizer
ainda que distante
teu papel na minha vida
foi demais importante
És pessoa querida!

Esqueci de dizer,
no último encontro,
que não importa
Se nunca vamos nos ver
Marcaste minha vida
me fizeste crescer!

Esqueci de dizer

deveria ter falado!
Tu me ensinaste a viver
mesmo quando cansado.

Esqueci de dizer
Que muitas pessoas
cruzaram meu caminho
E nenhuma delas
com flor ou espinho
as ruins ou as boas
permitiram me conhecer
de modo intenso
como aconteceu contigo.

Agora reflito
sobre isso eu penso
Muito mais que amigo
que pude ou não ser
Queria poder ter dito
devagar, com calma
Que foi mais que um afeto
és estigma na minha alma
Vai além dos sentidos!

Mas eu me esqueci
e o tempo passou
circunstâncias mudaram

e teu rosto não vi,
águas que passaram.

Queria mais algumas palavras!
Não falar, mas ouvir somente
Como essas que escuto
E repetem-se na mente
Das conversas que tive
Nas histórias que ouvia

Sua presença vive
nas lembranças
da tua alegria
Sonhos e esperanças
ao falar do futuro
das dores passadas
do sentimento puro,
das pessoas amadas.

Esqueci de dizer
algo importante
No livro da minha vida
És personagem marcante
E vais sempre existir
na minha trajetória
E não há despedida
que vai te excluir

da minha história.

RECEITA DA PAIXÃO

Em todos esses anos de vida
Acabei descobrindo:
Se apaixonar é muito fácil
Mas para isso é necessário
Alguns ingredientes básicos
O primeiro é predisposição
Um mínimo pelo menos
Algumas colheres de sopa
O prato exige timidez moída
E uma porção de coragem
Cuidado com a quantidade
 para não passar do ponto!
Depois, e escolha da "carne"
É importante a atração
Uma dose bem forte!
Tempere com bastante carinho
E pitadas de palavras doces
Um molho de olhar
Também agridoce
Aqueça a iniciativa
Esse ingrediente é essencial
E acompanha a coragem
Cozinhe em fogo brando
Mexendo sempre e devagar
Para que não transborde

Decore o prato com beijos
E sirva-se à vontade
Rende duas porções
Não leve ao refrigerador
Consuma diariamente
Aquecendo sempre
Caso queira depois
 algo mais sofisticado
Essa receita pode servir
Como base para uma outra
Mas que leva anos de preparo
O amor.

TEUS OLHOS

Teus olhos são
A melhor e a pior lembrança
Distantes que estão
O pensamento ainda alcança

Neles tudo começou
Uma espécie de feitiço
Minha razão abalou

Marcou a minha mente
Selou meu destino
Por ti fiquei doente
De amor, imagino

Apaixonado sofredor
Hipnotizado por teu olhar
Me trouxe vida e dor
Olhos verde-mar

Posso esquecer dos momentos
Que tiveram valor
E sem todos sentimentos
Ficará teu olhar sonhador

O espelho da tua alma

Seu cartão de visita
Ainda me tira a calma
Solidão maldita

Afaste-se de mim
Olhar atrevido!
Não vou ficar assim
Por teus olhos perseguido

QUEM É VOCÊ?

Quem é você?
Que invade a vida alheia
Brincando de poesia
Deixa palavras soltas
E fala de amor
sem saber quem sou?

Quem é você?
Da palavra enxerida
Distante do meu ser
Pegando desprevenida
pessoa, sem conhecer?

Quem é você?
Que se acha
alguma coisa
Escreve bobagens
Expõe sua loucura
verdadeiras viagens
no meio da amargura.

Quem é você?
E sua mensagem
de letra confusa

Sequer tem imagem
E sempre nos usa.

Quem é você?
Que faz uso das palavras
para incomodar
Com a sua poesia ridícula
Àqueles que querem paz.

Quem é você?
Um chato, inconveniente
Surge na hora errada
Tira o sossego da gente
Você não vale nada!

Quem é você?
Sujeito estranho
pessoa desconhecida
Não tem o que fazer?
Cuide de sua vida!

Quem é você?
Indivíduo desocupado
Não quero ouvir seu verso
Melhor que fique calado
Suma do meu universo!

SOMOS TODOS GEOGRAFIA

Todos somos Geografia
Geografia não é somente beleza
É o triste véu que encobre a sociedade fria
Ou o manto descoberto da natureza.

A Geografia está à nossa volta
No entorno do campo e da cidade
Nos enclaves da paisagem morta
Nos desmandos da imbecilidade.

A Geografia está em todo lugar
Nas distantes montanhas frias
Numa depressão do triste mar
E em desigualdades e ideologias

A Geografia é também nossa terra
Está no solo explorado ou inculto
Nos processos que a vida não encerra
Dos quais conhecemos um vulto.

Todos somos Geografia
Passageiros do conhecimento
Parte do mundo-ciência
Sempre em movimento.

O AMOLADOR

Amolo faca e tesoura
Amolo todo tipo de gente
O que posso dizer
É que nessas minhas andanças
A vida tornou-me amolador
Arrumei brigas
Afiei línguas
Já fui convidado pra almoçar!
Tentaram entender-me
Chamei atenção!
Descobri que o mais esquisito
Não é somente amolar
Mas ser ao mesmo tempo
Suspeito e vítima
E também sair amolado

NÃO DIGA

Não diga como eu pareço
Na verdade, sou o contrário
Do que mostra a aparência
Avalia-me pelo avesso
Lá estará minha essência

Não diga se sou diferente
É minha opção ser assim
Ainda que o mundo enfrente
Vivo feliz comigo mesmo
É essa força dentro de mim
que motiva-me falar a esmo.

Não diga saber o que penso
Até para mim isso é incógnita
Por mais que eu pareça tenso
Não demonstro meu interior
Sou bem mais imprevisível
Não me julgue, por favor!

Não diga que me compreende
Pois nunca irá me conhecer
Nem mesmo eu próprio entendo
As ambiguidades do meu ser

Desculpe a imagem que vendo.

Não diga que já percebia
Não pode ver o oculto
Os olhos da hipocrisia
Só dão acesso a um vulto.

NÃO SÃO PEDRAS

Não são pedras,
São rochas
Corações duros,
Sólidos materiais.

Não são pedras,
São mineraloides
Ódios sedimentados,
Amorfos.

Não são pedras,
São fragmentos
Restos de amor
Endurecidos.

Não são pedras,
São agregados,
Que desagregam,
Verdades cristalinas.

DE MADRUGADA

De madrugada os sons são mais altos,
as lembranças mais fortes e atrevidas
De madrugada as distâncias encurtam,
o tempo é retraído e o passado revive

De madrugada os sabores são sentidos,
o gosto doce dos sonhos na insônia
e o amargo das decepções engolidas
De madrugada ressurgem as palavras,
ouvidas no silêncio e na escuridão

De madrugada enxergamos melhor
as incógnitas e aflições da vida
De madrugada a realidade se mostra
Expostas são, fraquezas e limitações
De madrugada o frio é mais intenso,
calor é insuportável e a dor insistente

De madrugada os delírios são reais,
a imaginação é independente e livre
Vagueia nos pensamentos e na alma
De madrugada as verdades surgem,
equívocos emergidos, enganos revelados

De madrugada sensibilidade é maior,
a lua conversa conosco, o vento chama
De madrugada o orgulho desaparece
 e os obstáculos são destruídos
De madrugada não há limites
para corpo e sentimentos
Energia e força que só existem
na calada da noite,
de madrugada.

ÉRAMOS JOVENS, CHEIOS DE SONHOS

Éramos jovens,
Cheios de sonhos
Acreditávamos na união
Em nossa força
Para mudar o mundo

Éramos jovens,
Cheios de sonhos
O sol brilhava todos os dias
Tal qual nossos olhares
Ao observar a lua.

Éramos jovens,
Cheios de sonhos
Dificuldades eram desafios
Problemas, batalhas
A serem vencidas.

Éramos jovens,
Cheios de sonhos
Partíamos para a luta
Coragem e enfrentamento
Nos embates da vida.

Éramos jovens,
Cheios de sonhos
Lágrimas e sorrisos
Inspiravam o coletivo
Motivavam a seguir em frente.

Éramos jovens,
Cheios de sonhos
Voltados ao bem comum
Ao apoio mútuo
Confiantes.

A BOA E A MÁ FÉ

A boa fé respeita
A má fé age na espreita.

A boa fé é imparcial
A má fé é passional.

A boa fé alerta o perigo
A má fé pensa no umbigo.

A boa fé é paciente
A má fé é indiferente.

A boa fé é proativa
A má fé é vingativa.

A boa fé é altruísta
A má fé é egoísta.

A boa fé é humana
A má fé é insana.

ESTRADA DA SAUDADE

Na estrada para a saudade
A caminho de um lugar
Onde com menor idade
Alegrava-me ao andar.

Em uma trilha muito bela
Cortando córrego e floresta
Uma visão singela
Lembranças em festa.

Passeio rumo ao passado
Em um dia qualquer
Não deixa cansado
Um tiquinho sequer.

VOCÊ NÃO É LINDA

Você não é linda
Linda é sua mãe
Que gerou a ternura
Você é maravilhosa
Muito além da beleza
Ultrapassa a estética
Sua alma transparece
No seu sorriso
No rosto que brilha
Ao ver as estrelas
Mais brilhante que elas
É suave como o pôr-do-sol
Que faz lembrar você
Você não é linda
É muito mais que isso
Ainda não encontrei
Adjetivo maior que te defina
Poderia reforçar esse "linda"
E dizer: excessivamente linda
Em todos os aspectos
Mesmo na sua fragilidade
Demonstra-se bela ao extremo
Talvez seja por isso mesmo
Que nunca poderia alcançar

Se simplesmente fosse linda
Seria fácil aproximar
Mas essa força sobre mim
É tamanha que me encolhe
Na sua frente não sou nada
Ou melhor, talvez uma criança
Sem nenhuma pretensão maior
Você não é linda
É extraordinariamente bela
Beleza de toda natureza
Profunda, incomensurável
Talvez por essa razão
Intocável.

VERGONHA

Tropeça a injustiça,
temerosa grita:
mas que vergonha!
Lembra do passado,
o ódio, se irrita
Envergonhado

Vergonha, olha atrás
Desiste, cala, foge
Encabulada, incapaz.
Suspira a gafe,
respirando susto
Engole o sapo
Que vergonha!

Apavorada surpresa
Terrível acaso
Feliz monotonia
Perverso de repente
Avermelhado rosto
de todas as cores
Indignado o desgosto
dos dissabores

Fica em silêncio
Sai discretamente
Finge que não viu
Termina aborrecida
calada e dispersa
Vergonha perdida
sumiu.

HIPOCRISIA É ....

Hipocrisia é ...
Um dos piores males da sociedade
Falar uma coisa com outra intenção
Viver de falsidade,
Ter a mentira como opção.

Hipocrisia é ...
Demonstrar-se simpático e bacana
Num cotidiano de aparência
Sorrir a quem se engana
Explorar a inocência.

Hipocrisia é ...
Agir pelas costas e maldizer
Repetir um discurso devotado
Fazer-se bom a quem o crer
Omitir seu sórdido lado.

Hipocrisia é ...
Apresentar-se como amigo
Para as pessoas manipular
Satisfazer seu próprio umbigo
Ego e a arrogância sustentar.

NA MINHA ÉPOCA

Na minha época era diferente
Tudo bem mais profundo
O prazer de toda gente
Ver e descobrir o mundo.

Na minha época tédio não existia
A paixão era uma aventura
O cotidiano poesia
Não se implicava com gordura.

Na minha época havia mais contato
Abraços carinhosos e lealdade
O ser era humano de fato
Brincávamos sem maldade.

Na minha época o tempo era lento
Pressa e correria não tinham lugar
Parávamos para sentir o vento
Unidos olhávamos o mar.

Na minha época a vida era uma beleza
Era possível ouvir os pássaros e a chuva
Comer bolo de fubá de sobremesa
Colher do parreiral a uva.

Na minha época pouco era o bastante
Divertir-se sem preocupações
Ser era o mais importante
Valorizar as sensações.

Na minha época não era assim
Havia espontaneidade
Recomeços em cada fim
Naturalmente à vontade.

Mas minha época não acabou
O meu tempo também é o agora
Pena que tanto mudou
Não é como foi outrora.

PALAVRAS AO VENTO

O vento passa
E vem a calmaria!
Se o amor fosse
como o vento
também passaria!
Observo o vento
que não posso ser
E invento!
Movimento que sou
como a brisa
que passou
Amor que desliza
Suave no ar
Ventania
Tempestade no mar
Agonia
esse vento!
Que acaba sem parar
Por mais que tento
Não sei onde vai dar
E o vento vai além
até outro lugar
Onde as palavras também
Não poderão alcançar.

SORRISO DO CÉU

A lua é o sorriso do céu
As ondas, suspiro do mar
Nuvens são como um véu
E o sol, brilho de um olhar.

O vento chama, insistente
Não pode esperar o amanhã
Carinho das rosas, valente
Perfume doce de hortelã.

Hoje acordei feliz
Não deixarei esmaecer
Aquilo que sempre quis
De sabores e cores viver.

VAMOS?

Vamos fazer o impossível
Mudar o mundo,
antes que fiquemos mudos.

Vamos nos preparar
Para enfrentar o pior
Com uma força inimaginável.

Vamos encarar a realidade
Frente a frente
Sem medo da verdade.

Vamos nos unir
Desafiar o caos
Suprimir a arrogância.

Vamos assumir nossos erros
Libertar-nos dos enganos
Crescer como humanos.

Vamos repensar a nossa existência
Descobrir-nos abaixo das cinzas
Examinar a consciência.

Vamos nos reconstruir
Organizar um novo tempo
Ressurgir após esse evento.

RESILIÊNCIA

Que a esperança não seja perdida
Que não se esgote o bom humor
Que resista o desejo pela vida
Que se viva com paixão e amor.

Permaneça com brilho no olhar
Firme ao enfrentar desafios
Tempestades em pleno mar
Corredeiras e pedras nos rios.

Seja feito de resiliência
A cada queda se levante
Reinvente-se com frequência
Em si mesmo confiante.

MÁGOAS E RANCOR

É muito curta a vida
Para mágoas na viagem
O tempo é sempre despedida
Sofrer o passado é bobagem.

Não é resignação
Mas a cabeça levantar
Ter atitude de ação
Resistir e lutar.

Carregar um rancor
Não ajuda em nada
Um fardo de dor
Um equívoco, uma cilada.

SEGUNDA IMPRESSÃO

Hoje pude perceber
Em detalhes
Consegui observar
Por olhares.

Nesse momento
Uma outra visão
Novo sentimento
De emoção.

Aconteceu assim,
Com demora
Mas, enfim
Chegou a hora!

Reservei o desejo
Aguardei a ocasião
Chegou o ensejo
Da segunda impressão.

QUERO VOLTAR

Quero voltar para minha terra
Respirar o verde da cidade
Sentir o calor daquele norte
E ouvir o vento mansamente
Nas sombras da vaidade

Quero voltar para minha mãe
Que paciente me espera
Com o sorriso de lágrimas
Doce e celestial abraço
Amor que sempre se esmera

Quero voltar para as raízes
Onde construí meu sentido
Com calor humano visível
Ergui um pilar de sonhos
De grande afeto revestido

Quero voltar ao início
Mas nesse instante reflito
Que o caminho que deixo
Também foi construído
E meu lugar é infinito.

HORIZONTE AMPLIADO

Força aos pobres de espírito
Cujo desalento é justificável
Apoio aos tristes de coração
Pelos opressores, injustiçados

Levantem-se os esquecidos
Ignorados pela ignorância
Gritem os que se submetem
Ao argumento de autoridade.

Acordem os sonhos adormecidos
Ressurgidos das cinzas da indiferença
Movimentem as esperanças inertes
Na inconsciência consciente.

Abram as mentes à criatividade
Desobstruam os caminhos da natureza
Fortalecendo a reflexão e o pensamento livre
Vivamos um horizonte ampliado!

ME SINTO SÓ

Me sinto tão só, sem noção
Tanta coisa acontecendo
Acumulando até uma explosão

Como agora acontece
Sem saber o que escrever
Sem ninguém, quem merece?
Vou desabafar com quem ler

Solidão no quarto
Chorando como criança
Quero colo, já estou farto
A idéia, a mente não alcança

E o churrasco, o que faço?
Como ficará o amanhã?
Ao gaiteiro meu abraço
Quero ser uma pessoa sã

Sem lágrimas, sem tristeza
Alguém pra me acalmar?
Com muita sutileza
Vou parar de chorar

OLÁ

Olá! Meu sonho!
Como vai esperança?
Tudo bem minha vida?
Tenho saudades de ti
Meu amor quer te ver
Minha paixão aproximar
Meu anjo é você
Meu doce encanto
Sabor de chocolate
Meu céu, meu mar
Minha rosa cor-de-rosa
Meu sol e meu som
 Minha canção
Olá meu coração!
Saudações felicidade!
Bom dia emoção!

NÃO SE PODE TOCAR

Não se pode tocar
sem ser tocado
Pois o toque consente
O gesto recíproco
que é equivalente

Não se pode tocar
sem ser afetado
O afeto reprimido
repete-se refletido
 na razão inversa
Volta a ser sentido

Não se pode tocar
E depois sair
como se nada
tivesse ocorrido
Entrará num dilema
entre cruz e a espada
Impossível fugir

Não se pode tocar
E fingir que esqueceu
O toque pode passar

Mas marcado estará
o sentimento
cristalizado
Naquele encontro
no exato momento

Não se pode tocar
como se fora ao acaso
o toque tratou de laçar
A alma e o coração
Mesmo fora da consciência
sobrevive a emoção
além da indiferença

Não se pode tocar
sem ser tocado
Pois o toque abriu
as portas do amor
E o carinho que fugiu
está perto da dor.

VENDAS DE ANTIGAMENTE

As vendas antigamente
tinham tudo a granel.
Para plantar,
havia semente
Para beber
vinho no tonel.

De arroz a farinha,
Feijões em variedade,
Lenha novinha
E muita novidade.

Metros de tecido
Barbante e ferramenta
Tudo era fornecido
Bacalhau e pimenta.

Era mais que um mercado
Havia confiança
Na caderneta anotado
Sem precisar de cobrança.

TRANSFORMAÇÃO

Acreditei que um dia
Se a Terra parasse
Como magia
Surgiria um impasse.
O espaço-tempo,
concebido
Como um sistema
Dobraria,
O Universo em tecido
Dimensões de um dilema.

E nós, como objetos,
Arrastaríamos,
Nos nossos trajetos,
Equívocos e imperfeições
Tal qual fissuras
Nas nossas ações
Para trás amarguras
Maus sentimentos
Dor e horror.

Não foi bem assim
O ódio e seu rastro
Ainda sem fim

Persiste e se alastra
Um navio sem mastro
Transporta o caos
Amplia o problema
Divisões e conflitos
Tal qual em uma arena.

Mas esse não é
o fim do tempo
Ainda há esperança
E o nosso lugar,
o planeta,
Não irá acabar,
ao menos agora
Por isso, não se pode
Perder essa chance
Para se transformar
De dentro para fora.

MOSCA VAREJEIRA

Voa cintilante inseto
Vai em direção ao lixo
Emite seu som inconfundível
Para no ar!
Move-se rapidamente
Sobrevoando com brilho
Metálico e único
Impossível não notar
Mosca varejeira
Veio nos visitar
A que devo a honra?
Do seu voo majestoso
Ser tão singular.

PAISAGEM ÍNTIMA

Edificada no silêncio
Em rios de comoção
As palavras remotas
No vale dos sentidos

Os gestos insólitos
Atenuantes das aflições
Cruzam desfiladeiros
Recorrentes convicções

Montanhas de anseios
De cumes frígidos
E nuvens de afronta
Permeadas de idiossincrasia

Ilhas polvorosas
Reservas humanas
Horizontes intrínsecos
Intangíveis.

MULHER METÁLICA

Certo dia conheci uma menina
Aconteceu numa segunda-feira
Num lugar qualquer, em certa esquina
Da cidade que não conheço inteira

Tão diferente dos outros rostos
O desse ser humano faceiro
Não conheço todos seus gostos
Mas a vi, senti o seu cheiro

Compreendi que tem música na artéria
Que sente o intenso e o profundo
Mulher rebelde, mistura espírito e matéria
Luta contra si e contra o mundo

Sente a dor do amor
É pura ternura
Sentimento em flor
Tem sua face escura

Uma mulher de metal
Rígida e dura
Mas sem nenhum mal

Tem voz grave
Que muitas vezes reluta
Mas omite o lado suave
Mulher absoluta

É metálica, resiste
Sua música, seu som
Não para, nem desiste
Seu timbre, ruído bom.

APESAR DE TUDO

Apesar das lágrimas
sou muito feliz
Apesar das brigas
almejo a paz
Apesar das recusas
acabo aceitando
Apesar da resistência
me acostumo
Apesar dos dias
sigo adiante
Apesar da dor
me sinto bem
Apesar dos tropeços
vou caminhando
Apesar do mal
eu sobrevivo
Apesar da ausência
nada me falta
Apesar do frio
sinto calor
Apesar da inveja
estou inteiro
Apesar do falso
sou verdadeiro

Apesar do atraso
sempre alcanço
Apesar da distância
me aproximo
Apesar das marcas
já me esqueci
Apesar de tudo
estou aqui.

AFETO

Nas tortuosas vidas
Pessoas surgem
[rostos aparecem]
Afetividade resfria
Acaso e coincidências
Prevalecem!

A natureza humana
Não é para ser entendida
Mentalidade insana
Humanidade perdida

Sem lógica e sem razão
Afeto das aparências
Superficial é a emoção
Valores sem referência

Laços estreitos
 Curtos de amor
Afetos imperfeitos
Amizades sem cor

Desejo sufocado
Realidade cruel

Viver de poesia, por Sergio Fajardo

O afeto é calado
Pelo anseio infiel

Distância aumenta
Nas aproximações
O abraço contenta
Sem aquecer corações

No fundo do peito
O afeto longínquo
Sobrevive em seu leito
Ofuscado e oblíquo.

SONETO INESPERADO

Estava decidido a escrever poesia
Mas sem muita inspiração
Indiferente às horas do dia
Me veio uma aflição

Meu irmão reclamava
Estava impaciente, nervoso
E nenhuma palavra
Poderia lhe dar repouso

Resolvi soltar as amarras da língua
De forma clara ou ambígua
Coloquei num rascunho

Pode não ter ficado excelente
Mas o importante é que fui valente
E escrevi de próprio punho

CORES

Todas as cores são lindas
No arco-íris, em toda natureza...
Observo nas idas e vindas
Matizes de beleza

Quando vejo em você as cores
Antes opacas e submersas...
Da sua imagem recebe valores
As tonalidades diversas

Enxergo um céu exuberante
No azul do seu vestido
A cor rosa de uma nuvem gigante
Alcança meu sentido

O amarelo das flores
Em seus cabelos ecoa
Vários tons, muitas cores
Reunidas numa só pessoa

Tem o verde do mar e da vida
Numa floresta de emoções
A esperança é refletida
Unindo os corações

Nenhuma cor é tão bonita
Isolada do seu contato
Você é que produz a vista
E colore o mundo de fato.

COMPROMISSO DA POESIA

A frieza da matemática
não pode calcular o amor
Nenhuma ciência na prática
é capaz de medir a dor

Biologia, Geografia, Filosofia...
não explicam a essência
O ser humano é muito mais
que descrição, aparência.

Análises e estudos jamais
esclarecerão o sentido da vida.
Conhecimentos,
ciência vazia
alheios aos sentimentos
compromisso da poesia.

AMO E ODEIO

Amo rir ...
E ver os outros
também sorrindo
Amo fazer isso
Sentir as pessoas rirem
encantadas!
Contagiantes
gargalhadas!

Amo conversar
Diálogos profundos
Conversas sérias
palavras no ar
Papos-cabeça
Conversa fiada
pra encher linguiça
papo furado
ouvir uma piada.

Amo meus amigos
E fazer amigos
Amizades novas
Coloridas,
monocromáticas

ou em tons cinza
Em preto e branco
Pessoas simpáticas!

Odeio "ter" que brigar
odeio quando brigam
comigo ou entre si
Odeio ver essas brigas
das pessoas
amigos ou inimigos
(redes de intrigas)

Odeio se me magoam
Ou quando então...
Eu ofendo alguém
Odeio ouvir não
Esse banho frio
desagradável surpresa
Do bem que não vem
Insensível sutileza.

Amo e odeio
várias coisas!
Mas admito
Que a maioria
é constituída
por tudo que Amo

(amor à vida)
Isso é que é bonito
Por sentir mais alegria
Mais rio que choro.

A ARQUITETA DO FUTURO

A partir do concreto presente
Ela projeta o futuro
Não inventa nem sente
Mas busca o porto seguro

A dura realidade
Nua, crua e dialética
A frieza da cidade
Sem beleza estética

É a imagem dessa mulher
Que sem pretensões
Faz de um objeto qualquer
Encontro de visões

Planeja o espaço
Não motivada por sentimentos
Tem coração de aço
É levada pelos momentos

Enxerga o mundo
O visível
Sem cor
Concretude insensível

Do desamor

Desenha a razão
Cria a imagem
Além da emoção
Exterior à paisagem

A natureza dá lugar
Ao material imperfeito
Do calculismo sem par
Da arquiteta e seu jeito.

ORGULHO

Poço de orgulho
Mar de indiferença
Nem ouço o barulho
Da sua presença

Olhar distante
Frieza persiste
Desprezo constante
Amizade triste

Orgulho voraz
Alegria egoísta
Vaidade compraz

Nariz empinado
Obscura a vista
Do orgulho ocupado.

O TOMBO

Foi somente um tombo,
nada mais
Dei um passo maior que a perna
Tropecei nas palavras
Pisei em falso
Caí em contradição
Escorreguei nas dúvidas,
lisas e ensaboadas
Derrubado pela ansiedade
Machuquei as juntas,
as articulações do amor
Torci o tornozelo,
tive um mau jeito ao me virar
Distraí-me ao pensar em você,
surpreendido pela vertigem
da sua presença
Mas estou bem,
não se preocupe
Foi somente um tombo,
nada mais.

TEMPESTADE

Uma tempestade
Não assusta mais
quem já foi tormenta

Eu, como tornado
Ao sabor do vento
Tornei-me temporal

Rajadas de pensamentos
Indecisos a trilhar
O caminho das nuvens

Incertos sentimentos
Na instabilidade do tempo
Relâmpagos no olhar

Raios de sol
Na brilhante manhã
Descansei em calmaria.

FRIO E CALOR

O frio do ambiente
Não significa nada
Para um coração quente
E uma alma incendiada

Incomoda o calor
Me esgoto e transpiro
Mas se minha atmosfera é o amor
Qualquer tempo eu admiro

INSENSIBILIDADE

Liberdade
não significa egoísmo
Sinceridade
não exige aspereza
Bom humor
não precisa de cinismo
Não se exclui
carinho da franqueza.

Cuidado
com a estupidez
Um dia
ela muda de lado
Chegará
também tua vez
Verás
diálogo sufocado.

Não permita
a insensibilidade
que resfria
o que resta de afeto
Abrirás espaço
para a maldade

Acreditando
que é o correto.

Não se deixe
precipitar
Nem confundir
as sensações
Humildade
é saber amar
Sentimentos
não são obrigações.

Conversas abertas
não são o mesmo
que prestar contas
ou dar satisfação
Palavras incertas
ou frases perdidas
na negação
Não merecem
ser ouvidas

Silêncio é um direito
de esconder emoção
Para omitir um defeito
Calamos facilmente
diante do duvidoso

Mas os gestos
estes, não mentem!
Se permeados de carinho
combatem!
Insensíveis caminhos
dos que nada sentem.

HOJE

Hoje acordei feliz
Com uma sensação boa
sentindo-me assim,
como se algo ótimo
fosse acontecer comigo

Hoje me senti vivo
Percebi o sangue
correndo nas veias
senti o ar entrando
enchendo os pulmões
E meu pulso firme e forte
O coração aberto às paixões

Hoje acordei sonhando
disposto a transformar
sonhos em realidade
Hoje decidi acreditar
Acordei confiante
Resolvi não pensar no futuro
mas planejar o presente

Hoje é o dia!
Não quero pensar no ontem

nas noites passadas
ou tardes frias,
nem no amanhã
que não podemos mudar
Mas no dia de hoje
tempo de viver e amar.

A BELEZA DA SIMPLICIDADE

A beleza está na simplicidade
Num humilde casebre no rural
Ou em uma periferia da cidade
Na expressão humana natural.

A beleza está no capricho
Das coisas feitas com amor
Longe do glamour e do luxo
Pode-se encontrar esplendor.

A beleza não se faz apressada
É uma construção lenta e calma
Paisagem cara e comprada
Representa um vazio de alma.

JOANA ODEIA POESIA

Joana odeia poesia
Para ela é como refeição rápida
que não satisfaz
Esse tipo de leitura dá azia
Um poeta deveria escrever mais

Mesmo o conto não é suficiente
Joana gosta de consistência
Poesia não lhe deixa contente
Ela quer ler de verdade, tem paciência

Romances intermináveis, isso sim!
Leitura profunda, que dá gosto
Me refiro a Joana, não a mim
Penso exatamente o oposto...

Poesia termina muito breve
Não é como um bom suspense
Que não é nem um pouco leve
Poesia é como arte circense

Serve para um momento
Apenas uma apresentação
Manifestação de um talento
Que não precisa terminar em ovação

REUNIÃO

Alguém poderia me responder?
Para que serve uma reunião?
Não consigo entender...
O motivo de tanta discussão
Por que não apenas conversar
Sem formalidade
Naturalmente
Ficaria mais à vontade
Toda reunião é cansativa
E sempre vai além da conta
A reunião impede que se viva
Livre e sem pressão
Esse é um mal sem vacina
Sou contra reunião
Não importa a que se destina
Causa mal estar e tensão
Toda terça-feira
Já não aguento
É essa canseira
Esse tormento
Um basta à reunião!
Viva às conversas informais!
Dialogar sempre, reunião nunca mais!

INSTANTE EM DETALHES

O vento carrega as folhas secas
Nas margens da estrada
Redemoinho levanta a poeira
Cascalhos se vão na enxurrada.

As nuvens escondem a lua
Numa noite um pouco fria
Estrelas brilhantes no céu
Os grilos em harmonia.

Na lembrança, o cheiro da terra
E o aroma do café quente
O sabor da tangerina madura
Detalhes de cada instante.

MEU AMOR

Oi, meu amor!
Como foi o seu dia?
Espero que muito feliz
Sabe, meu amor
Quero pedir desculpas
Por te chamar assim
De meu amor
Ainda não significo nada
Na sua vida
Mas amo, intensamente!
Meu amor não é somente você
Mas tudo o que sinto
Meu amor é como o vento
Que agita as árvores
Que move os moinhos
Meu amor é constante
Insistente como as ondas do mar
Meu amor é como cachoeira
Contínuo e fluindo sem parar
Meu amor é como os pássaros
Canta feliz ao amanhecer
Sabendo que você existe
Meu amor é como o sol
Que brilha forte ao meio-dia

Ao ver você e ouvir sua voz
Meu amor é como o sorriso
Doce, sublime e ingênuo
De uma criança cheia de sonhos
Meu amor tem o sabor das frutas
O agradável paladar da sua presença
Meu amor é como nuvens e estrelas
Preenchendo meu céu de alegria
Meu amor se propaga no ar
Para alcançar o universo
Encontrando-o em uma pessoa
Concentrando no seu olhar.

PREVISÃO DO TEMPO

A previsão para o dia de hoje é de tempo bom
No decorrer do período, instabilidades poderão ocorrer
Caso você não vier me ver nem entrar em contato
Rajadas de vento podem interromper a calmaria
Esses têm origem na ansiedade causada por sua ausência
Um frente fria, de indiferença e insensibilidade
pode levar à formação de nuvens rapidamente
Cúmulos-nimbo carregados de nervosismo
Provocam fortes tempestades
Em algumas áreas do pensamento
O dia pode terminar numa tarde ensolarada
Se você aparecer pra ficar comigo
O belo por do sol indica que teremos um dia feliz amanhã.

AMOR COMEÇA COM "A"

Amor começa com "A"
"A" de alegria
Afeto da primeira vogal
"A", no fim da magia
Arte magistral
Aberto a qualquer paixão
Abalo do sentimento
Absoluta emoção
Acalento

Amor começa com "A"
"A" de ação e aproximação
Aconchego do ser humano
Anseio do coração
Acontece com todo mundo
Antes de todas as coisas
Ali está ele, profundo
A aliança mais linda,
Arcabouço da alma
Amor, que começa com "A"
Amplia-se e não se finda.

NOSTALGIA

Tens a leveza de uma pétala,
a suavidade da brisa do mar
És terna como um sorriso,
delicada como o luar

Seduz com teu cheiro de terra,
e o gosto das boas lembranças
Tens o sabor de tempo bom,
és sempre primavera

Quando surges em pensamento
Recordo o que não sabia
Aproveito esse momento
Prazer em revê-la, Nostalgia.

PERDESTE A NATUREZA

Perdeste tua natureza
O mergulho no asfalto,
afastou a beleza
Esqueceste o silvestre
E tua sutileza
Teu mundo é submundo
Artificial
De homem tornou-se pedestre
banal

Perdeste o eclipse
Obscurecido pela cidade
Não viste o meteoro
Teus olhos eram vaidade
As estrelas tornaram-se lâmpadas
Fugazes

Perdeste a primavera
Em um jardim de plástico
Mataste o beija-flor
A chuva virou quimera
Consumo tornou-se amor
A brisa é condicionada
Eletrodoméstico e motor

Perdeste a cor das nuvens
Substituídas pela fumaça
Não ouvistes mais os pássaros
Tua floresta é uma praça
O dinheiro teu coração
Animais são as máquinas
Cessaram beleza e paixão

Perdeste os verdadeiros valores
Humanos e naturais
Rotulaste os sentimentos
A flora, a fauna e a água
No prazer individual
Preso ao teu egoísmo
Consideras tudo normal

Perdeste a afetividade
Já não enxergas o brilho da lua
Insensível ao falso humano
À indiferença tua
Da amizade trabalho fizeste
E do amor, destroços
Restrito ao teu ambiente
Esqueceste o ser que és
De carne, sangue e ossos.